DECLARATION

DV ROY, PAR LAQVELLE

ceux de la Religion pretendue reformee assemblez à Loudun, sont
declarez Criminels de leze Majesté,
à faute de se separer dans le temps
porté par icelle.

Verifiee en Parlement le 27. Feurier 1620.

A PARIS,

Par FED. MOREL, & P. METTAYER,
Imprimeurs ordinaires du Roy.

M. DCXX.

Auec Priuilege de sa Majesté.

**O V Y S** par la grace de Dieu Roy de France & de Nauarre, A tous ceux qui ces presentes lettres verront Salut. Comme nous auons toufiours tenu pour fondemét asseuré de la tranquillité publique de cet Estat, de maintenir & conseruer nos subiects tant Catholiques que de la religion pretenduë reformee en bonne paix, vnion & concorde les vns auec les autres, soubs le benefice des Edicts & Declarations sur ce faites par le feu Roy nostre tres-honoré Seigneur & Pere, que Dieu absolue : Aussi auons-nous eu vn soing particulier de les faire exactemét ob-

A ij

seruer & entretenir : & de faire jouyr
ceux de ladite religion des graces &
concessions qui leur ont esté accordees par iceux : esquelles non seulement nous les auõs maintenus & con-
seruez, mais mesmes nous les auons
de grace speciale de beaucoup esten-
dues & augmentees.   Et pour estre
particulierement esclaircis des man-
quemens ou inobseruatiõs qui pourroient estre faites à l'obseruation des-
dits Edicts & Declarations, & don-
ner moyen à nosdits subiects de la religion pretéduë reformee de les nous
faire sçauoir : Nous auons à l'imitatiõ
dudit feu Roy nostre tres-honoré
Seigneur & Pere, agreé qu'ils tinssent
aupres de nous, & à nostre suitte, des
Deputez qui nous en peussent infor-
mer,& nous en faire les remonstráces
& à nostre Cõseil qu'ils iugeroient ne-
cessaires, à ce que sur leur instance &

pourfuitte, il y peuſt eſtre pourueu.
Et afin que ces deputez peuſſent eſtre
par eux choiſis & nommez, lors qu'il
a eſté à propos de les changer : Nous
leur auons auſſi permis de tenir pour
ce ſubjet des aſſemblees prouincia-
les & generales, quand ils nous ont
faict cognoiſtre en auoir beſoin. Et
encores que le principal ſubjet pour
lequel nous leur auons permis la te-
nue d'icelles ayt eſté pour faire le
chois & nomination deſdits deputez:
Nous auons neantmoins trouué bon
qu'ils y ayent receu les plaintes que
nos ſubjets de ladite Religion de cha-
cune prouince pouuoient faire deſ-
dites inexecutions & inobſeruations,
pour nous en faire preſenter par leurſdits deputez des cahiers & remon-
ſtrances. C'eſt pour cet effect, & ſur
ceſte ſeule conſideration , que nous
aurions permis à noſdits ſubjets de

ladite Religion pretendue reformee par noftre breuet du vingt-troifiefme May dernier, de tenir vne affemblee generale le vingt-fixiefme Septembre enfuiuant , en noftre ville de Loudun, en laquelle nous efperions que fuiuant ce qui eft porté par ledit breuet, ils commenceroient à proceder au chois & nomination des deputez qu'ils voudroient faire fucceder à ceux qui refidoient à noftre fuitte, entre les mains defquels ils mettroiét le cahier de plaintes & remonftrances qu'ils auroient à nous faire pour en foliciter noftre refponfe, & prendre foing de l'executió de ce qui en feroit par nous ordonné : Mais au lieu de ce faire, ils nous auroient enuoyé aucuns d'entre eux auec vn premier cahier cótenát quelques principaux articles, fur lefquels ils nous fupplioyét de refpondre, & faire executer ce qui feroit

de noſtre intention, attendant qu'ils
euſſét compilé les autres cahiers qu'ils
diſoient auoir à nous preſenter : Surquoy nous leur feiſmes entendre que
lors que toutes leurs demádes ſeroient
redigees en vn meſme cahier, & qu'ils
nous le preſenteroiét à vne ſeule fois,
& ſuiuant l'ordre & les formes ordinaires, nous les receuerions & ferions
reſpondre fauorablement, & en telle
ſorte qu'ils recognoiſtroiét par effect
noſtre bonne volóté en leur endroit.
Et que meſmes encores qu'ils fuſſent
obligez de nous faire preſenter ledit
cahier, par ceux qui auroient eſté par
eux nómez pour reſider pres de nous,
& en ſuitte ſe ſeparer ainſi qu'il s'eſt
pratiqué du viuant dudit feu Roy, és
aſſemblees de Chaſtellerault, & de
Gergeau, & qu'il s'obſerue en toutes
les autres aſſemblees de quelque qualité qu'elles ſoient qui ſe tiennent en

ce Royaume : Neantmoins nous leur ferions ceste grace pour ceste fois, & sans tirer à consequence de receuoir lesdits cahiers par les mains de ceux qui nous lespresenteroiét de leur part. Ce qu'ayant esté rapporté à ladite assemblee, apres plusieurs côtestations & dilayemens qui s'y seroient passez, ils nous auroiét en fin enuoyez d'autres Deputez auec le cahier general de leurs plaintes & remonstrances, lequel nous aurions receu benignement, leur donnant toute asseurance que nous feriôs trauailler à la response d'iceux sans discontinuation, & dontils receuroient non seulement la Iustice qu'ils demandoient, mais encores ce qu'ils pouuoient esperer de nostre grace & faueur. Ce que nous leur aurions donné charge de raporter en ladite assemblee, leur commandant aussi de dire de nostre part

en

en icelle , que puis qu'ils auoient
preſenté tous leurſdits cahiers, & que
leur plus longue demeure enſemble
eſtoit deſormais inutile, & apportoit
preiudice à noſtre authorité, & ſcan-
dale à nos bons ſubiects, Noſtre volonté eſtoit qu'ils euſſent à proceder
au pluſtoſt à la nomination des Deputez qui auroient à reſider pres de
nous : & en ſuitte à ſeparer leurdite
aſſemblee. Quoy faiſant, nous leur
promettions de remettre entre les
mains deſdits Deputez les reſponſes
que nous ferions auſdits cahiers, & de
faire dans vn mois apres proceder de
bonne foy à l'executió des choſes qui
leur ſeroiét accordées. Ce que au lieu
de receuoir auec le reſpect & reueren-
ce qu'ils doiuent : ils nous repliquerét
que ladite aſſemblee auoit reſolu de
demeurer enſemble, & ne ſe point ſeparer iuſques à ce qu'ils euſſent la reſ-

ponfe qui deuoit eſtre faite à leurs cahiers, & qu'ils en veiſſent l'execution.
Dequoy bien que nous euſſions iuſte
occaſion de nous offenſer , comme
eſtant ceſte reſponſe eſloignee du deuoir que des ſubiects doiuent à leur
Roy:Neantmoins nous nous conten-
taſmes de leur remonſtrer la faute
qu'ils commettoient, & les exhorter
de ſe porter à l'obeiſſance qu'ils doiuent. Et toutefois afin que ladite aſſemblee fuſt expreſſément informee
de noſtre part de noſtre intention;
Nous nous reſoluſmes d'enuoyer vers
elle les ſieurs le Mayne Conſeiller en
noſtre Conſeil d'Eſtat & Gentil hom-
me de noſtre Chambre , & Mareſcot
l'vn de nos Secretaires, pour en leur
confirmant les aſſeurances de noſtre
bonne volonté en leur endroit, leur
faire le meſme commandement que
nous auions enioint à leurſdits en-

uoyez, de leur porter de noſtre part, qui eſtoit de proceder incontinent à la nomination des Deputez qui au- roiét à reſider pres de nous, & en ſuit- te ſe ſeparer dans quinze iours apres, & ſe retirer en leurs prouinces. Ce qui y fut prononcé dés le x. iour du mois de Decembre dernier. A quoy ils n'auroient fait autre reſponſe, ſinon qu'ils deputeroient incontinent vers nous pour nous reïterer leurs tres- humbles ſupplications, comme ils firent, nous ayans depuis enuoyé quelques autres d'entre eux qui nous auroient fait les meſmes in- ſtances qu'auoient fait les precedens: A ſçauoir qu'il nous pleuſt agreer la ſubſiſtáce de ladite aſſemblee, iuſques à ce que leurs cahiers fuſſent reſpon- dus, & qu'ils veiſſent l'execution des choſes qui leur auroiét eſté promiſes. Surquoy n'ayát rien à leur reſpondre,

que ce que nous leur auions ja fait sçauoir. Et recognoissans combien il im-
portoit qu'ils se confiassent aux asseu-
rances que nous leur auions fait dóner
de nostre bonne intention , à ce qui
estoit de leur contentement,& que les
formes accoustumees en tel cas fussét
suiuies & obseruees. Considerans aussi
qu'il y auoit ja pres de cinq mois qu'ils
estoient assemblez , dont nos autres
bons subjets auoiét occasion de prendre ombrage & jalousie, Nous leur
aurions ordonné derechef d'obeir à
ce que nous leur auions fait sçauoir
estre de nostre volonté. A quoy nous
les aurions encores depuis fait particulierement exhorter par plusieurs
personnages bien qualifiez & bien informez de nos sentimens sur ces affai-
res, qui les auroient asseurez de nostre
bonne intention, à ce qui est de leur
contentement: Leur ayant aussi fait

dire de noſtre part que encores qu'ils
euſſent excedé d'vn mois & plus , le
temps que nous leur auions donné
pour ſe ſeparer : nous leur accordions
encores huiƈt iours pour leur retour
à Loudun, & huiƈt autres iours apres
pour nommer leurſdits Deputez & ſe
retirer : Et que à faute d'y ſatisfaire,
nous y ferions pourueoir ſelon que
nous iugeriõs eſtre du bien de noſtre
ſeruice.   Mais voyans qu'au lieu d'o-
beyr à ce qui leur a eſté commandé
de noſtre part , ils continuent touſ-
iours à demeurer enſemble , couurás
leur deſ-obeiſſance par des pretextes
de nouueaux enuois qu'ils pretendét
faire vers nous, pour reïterer leurs in-
ſtances & ſupplications : Eſtans ce-
pendant bien informez qu'il y a plu-
ſieurs particuliers en ladite aſſemblee
mal affeƈtionnez au bien de noſtre
ſeruice, & au repos de cet Eſtat, qui

trauaillent à porter les autres à leurs mauuais desseins: Ne pouuans souffrir plus longuement ce mespris à nostre authorité, sans tesmoigner à ceux qui en sont coulpables le ressentiement que nous en auons, & faire sçauoir à vn chacun ce qui est de nostre volonté & intention sur ce sujet. Sçauoir faisons, que nous ayans mis cet affaire en deliberation en nostre Conseil, où estoient aucuns Princes de nostre sang, autres Princes, Seigneurs, Officiers de nostre Couróne, & autres notables persónages & principaux de nostredit Cóseil: De l'aduis d'iceluy & de nostre certaine science, pleine puissance & authorité Royale, Auons dict, declaré & ordonné ce qui s'ensuit: A sçauoir, que pour tesmoigner à nosdits sujets de ladite Religion pretendue reformee nostre bonne inclination en leur endroit:

Nous auons de nouueau octroyé auſdits deputez aſſemblez à Loudun, delay de trois ſepmaines, apres la ſigni-
fication qui leur aura eſté faite des
preſentes, pour ſeparer ladite aſſemblee & ſe retirer en leurs maiſons:
Pendant lequel temps, ils pourront
auſſi faire la nomination de leurs deputez, au nóbre & en la forme accou-
ſtumee, pour en eſtre par nous choiſis deux pour reſider pres de noſtre
perſonne: Et à faute dans ledit temps,
& apres iceluy expiré de s'eſtre ſe-
parez & retirez, Nous auons des à
preſent comme pour lors, declaré ladite aſſemblee illicite & contraire à
noſtre authorité & ſeruice. Et ceux
qui y demeureront ſoit en ladite ville
de Loudun, ou en autre lieu pour
icelle cótinuer, criminels de leze Ma-
jeſté, & en ceſte qualité deſcheus du
benefice de nos Edicts, & autres gra-

ces par nous accordees à ceux de ladite religion pretenduë reformee , &
mesmes du renuoy qu'ils pourroient
pretendre en nos Chambres de l'E-
dict. Voulons & nous plaist qu'il soit
procedé contre eux selon la rigueur
de nos Loix & Ordonnances, tant par
nos Iuges ordinaires que Parlemens,
comme contre subiects desobeïssans,
rebelles & perturbateurs du repos pu-
blic, ensemble contre ceux qui entre-
tiendront auec eux pratiques, nego-
tiations & intelligences. Et pour le
regard de ceux d'entre eux qui obei-
ront à nostre present commandemét,
& se retireront de ladite assemblee
dans le temps susdit : comme sembla-
blement tous les autres de ladite Religion pretenduë reformee qui demeureront en leur deuoir, & sous nostre obeïssance : Nous voulons & entendons qu'ils soient & viuent en toute

ʒtre seureté, foubs noſtre protection,&
ʒiiouyſſent du benefice de nos Ediᶜts,
ʒDeclarations & autres graces à eux
ʒpar nous accordees. Et ſi ceux de la-
ʒdite aſſemblee qui obeïront à noſdits
ʒpreſens commandemens en quelque
ʒnombre que ce ſoit, auant que ſe ſe-
ʒparer d'icelle font nominatió deſdits
ʒdeputez qui auront à reſider à noſtre
ʒſuitte: Nous entendons receuoir la-
ʒdite nomination, & permettre à ceux
ʒque nous aurons choiſis ſur icelle, de
ʒfaire la fonᶜtion de leurs charges pres
ʒde nous, ainſi qu'il eſt accouſtumé.

Sı donnons en mandement à nos
amez & feaux les Gens tenans nos
Cours de Parlement & Chambres de
l'Ediᶜt, Baillifs, Seneſchaux ou leurs
Lieutenans, & tous autres nos Officiers & ſujets qu'il appartiendra chacun endroit ſoy, que ces preſentes
nos lettres de Declaration, ils facent

lire, publier & enregiſtrer : & le contenu en icelles faire exactement obſeruer & executer de poinct en poinct ſelon ſa forme & teneur, ſans ſouffrir ny permettre qu'il y ſoit contreuenu. Enjoignôs à nos Procureurs generaux & leurs Subſtituts y tenir ſoigneuſement la main de leur part, & ſatisfaire à ce qui dependra du deuoir de leurs charges pour l'effect de noſtre volôté. Et afin que ceux de ladite aſſemblee ſoient d'abondant aduertis de noſtre preſent commandement,& n'en puiſſent pretédre cauſe d'ignorance, Voulons qu'à la diligence de noſtre Procureur General, ou de ſes Subſtituts elles leur ſoient ſignifiees audit lieu de Loudun, ou autres lieux où ils ſe trouueront aſſemblez par le premier de nos Huiſſiers ou Sergens ſur ce requis. Mandons aux Gouuerneurs & Lieutenans Generaux en nos prouin-

ces prester main forte à l'executiõ des
Arrests & Iugemens qui seront don-
nez contre les contreuenans à cesdi-
tes presentes. Car tel est nostre plai-
sir. En tesmoin dequoy, nous auons
à icelles fait mettre nostre seel. Donné à Paris le vingtsixiesme iour de Feurier, l'an de grace, mil six cents vingt:
Et de nostre regne, le dixiesme.

Signé,   LOVYS.

Et plus bas,   Par le Roy,

P H E L Y P E A V X.

Et seellé sur double queüe de cire
jaune.

Leües, publiees, registrees, oy, ce reque-
rant le Procureur General du Roy, & or-
donné que coppies collationnees seront en-

uoyees aux Bailliages & Seneschauſſées
pour y eſtre leües, publiees, regiſtrees, gardees
& obſeruees ſelon leur forme & teneur : &
que le delay de trois ſepmaines courra du
iour de la publication au ſiege de Loudun,
qui y ſera faicte & aux autres ſieges, à la
diligence des Subſtituts du Procureur General : auſquels à peine d'en reſpondre en
leur nom , enjoint ce faire & certifier la
Cour dans huictaine.   A Paris en Parlement le vingt ſeptieſme Feurier, mil ſix
cens vingt.

Signé,   DV-TILLET.